Übersicht des Kontextes NaWi-Werft:

Begegnungsphase

Besuch einer Werft/eines Bootsbauers   Präsentation von Bildern und Filmen

provoziert Leitfragen zum Thema

Was ist wichtig beim Bootsbau?

↙ ↓ ↘

Warum schwimmt etwas?   Wie kann man einen schwimmenden Körper (Boot) bewegen?   Wie kann man schwimmende und bewegte Körper (Boote) steuern?

| Schwimmen | Antreiben | Steuern |

Schwimmen

Basiswissen zum Thema Schwimmen und Sinken:

Dichtebegriff, Schwimmen und Sinken bei Hohlkörpern, Auftrieb; Kennenlernen des Baustoffs Styropor

Antreiben

Energieformen und Umwandlung (Gruppenarbeit):

Spannenergie   Lageenergie   Wärmeenergie   Elektrische Energie

 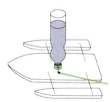 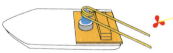 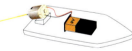

Präsentation: Expertengruppen stellen ihr Boot vor und erklären die Funktion, vorkommende Energieformen und Umwandlungen

---

Steuern

Bau eines Arduino-Wettbewerbsmodells:

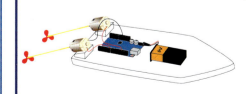

- Kennenlernen des Arduino-Microcontrollers
- Erste Programmierungen
- Steuern eines Bootsmodells mit dem Arduino
- Wettbewerb

Inhaltsverzeichnis

Vorwort 6

Teilthema: Schwimmen und Sinken

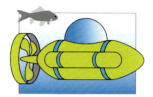

Warum schwimmt etwas?	8
I. Heranführung an den Dichtebegriff	9
M1 (1) Was schwimmt, was geht unter?	10
M1 (2) Entscheidet das Gewicht über die Schwimmfähigkeit? ...	11
M1 (3) Warum schwimmt Kork, Münze und Kleber aber nicht?	12
M2 Gleiche oder doch nicht gleiche Kugeln?	13
M2 Aufgaben (1)	14
M2 Aufgaben (2)	15
II. Schwimmen und Sinken bei Hohlkörpern (4 optionale Angebote)	
M3 (1) Schwimmt Eisen?	16
M3 (2) Warum schwimmt der eine Deckel, der andere aber nicht?	17
M3 (3) Warum schwimmt nur der mit Styropor ausgefüllte Deckel?	18
M4 Das Kupferblechboot	19
M5 Das Knetgummiboot	19
M6 Der Orangenversuch	20
III. Der Auftrieb (optional)	
M7 Auftrieb erfahren	21
M8 Was bedeutet Auftrieb?	22
M9 Wir können die Auftriebskraft messen!	23
M10 Ein weitere Möglichkeit, die Auftriebskraft zu messen ...	24
IV. Dichteunterschiede bei Salz- und Süßwasser (optional)	
M11 Ein Stück des gleichen Klebers kann schwimmen und sinken. Wie kann das sein?	25
M12 Ein selbstgebautes Aräometer zur Dichtebestimmung von Wasser	26
M13 Sind Schiffe durch Dichteunterschiede im Wasser gefährdet?	27
V. Vertiefungsbilder zum Thema Schwimmen und Sinken	28

Teilthema: Antreiben

- I. **Vorbereitende Aufgaben**
  - A.) **Kennenlernen des Baustoffes Styropor**
    - **M15** Wie Styropor hergestellt wird (optional) 29
    - **M16** Warum die EPS-Perlen größer werden 32
    - **M17** Wir bauen ein Boot aus Styropor 34
  - B.) **Bau einer „Bootsteststrecke"**
    - **M18** Wir stellen ein Wasserbecken für die Boote bereit 36

- II. **Bau von Modellen mit verschiedenen Antriebsarten – Fokus Energieformen und Umwandlung**
  - **M19** Spannenergie nutzen 38
  - **M20** Lageenergie nutzen 41
  - **M21** Das Put-Put-Boot 42
  - **M22** Elektrische Energie bereitstellen 43
  - **M23** Elektrische Energie nutzen 45

Teilthema: Steuern

Wie können Boote gesteuert werden?
- I. **Einführung in die Arduino-Programmierung**
  - **M24** Die Hardware 46
  - **M25** Der Programmcode 47
  - **M26** Wie das Programm auf das Arduino-Board kommt 48
  - **M27** Einfache Fehler beheben 49

- II. **Bau von Modellen mit verschiedenen Steuer- und Antriebsarten**
  - **M28** Ein steuerbares Boot mit zwei Elektro-Motoren 50
  - **M29** Ein steuerbares Boot mit Elektro-Motor und Ruder 55
  - **M30** Das Sumpfboot 57

Anhang

Zusammenstellung aller Modellbau-Objekte 58
Werkzeuge und anderes 61

Vorwort

Naturwissenschaften lernt man heute längst nicht mehr nur in der Schule, und selbst dort hört Lernen nicht im Regelunterricht auf. Arbeitsgemeinschaften, Wahlpflichtkurse und Seminarfächer wurden nicht zuletzt durch die Möglichkeiten flexibler Stundenkontingenttafeln etabliert. Wie sind diese Angebote aber neben dem regulären Fachunterricht inhaltlich anspruchsvoll und für die Lernenden motivierend zu gestalten?

Diese Reihe präsentiert Vorschläge und Materialien für ergänzende Wahlangebote, die aus verschiedenen Projekten des Leibniz-Instituts für die Pädagogik der Naturwissenschaften und Mathematik (IPN) hervorgegangen sind. Diese Projekte wurden vom Bildungsministerium Schleswig-Holstein gefördert, wofür wir im Namen der beteiligten Lehrkräfte herzlich danken. Das Projekt *NaWi-aktiv*, ergänzend gefördert durch die Deutsche Post, hat über drei Schuljahrgänge hinweg ein Programm für eine Arbeitsgemeinschaft mit darauf aufbauenden Forschercamps entwickelt. Konzepte für zwei dieser Forschercamps wurden bereits in der Reihe „Materialien für den naturwissenschaftlichen Unterricht – Klassen 5/6 veröffentlicht: „Ein rätselhafter Todesfall" und „Marcos unglaubliche Reise durch die Zeit".

Im 7. Jahrgang stand die Verknüpfung von Naturwissenschaften, Technik und Informatik im Fokus. Die *NaWi-Werft* (Band 1 dieser Reihe) bietet dafür spannende Fragen nicht nur für zukünftige Bootsbauer. Die Auswahl geeigneter Materialien, das Verstehen der Grundlagen des Schwimmens und Sinkens, aber auch das Programmieren sowie die Gestaltung von Booten sind nicht nur ein Thema für schulische Interessenförderung, sondern wurden auch an einem außerschulischen Lernort, der Kieler Forschungswerkstatt, mit großem Erfolg umgesetzt.

Für die Jahrgangsstufen 8 und 9 stellt das *„Planspiel Wissenschaft"* ein Konzept für den Wahlpflichtunterricht an Gymnasien und anderen Schulformen dar (Band 2 und folgende). Es zeigt für den Schwerpunkt Wissenschaft verschiedene Schritte naturwissenschaftlichen Arbeitens auf und verknüpft diese mit Möglichkeiten, die erarbeiteten Erkenntnisse und Produkte zu präsentieren – sei es in Wettbewerben, auf Elternabenden oder bei Tagen der Offenen Tür.

Das *„Planspiel Wissenschaft und Beruf"* geht noch einen Schritt weiter: Hier sollen Schülerinnen und Schüler Einblicke in die Vielfalt naturwissenschaftlich-technischer Berufe erhalten – auch dort, wo sie MINT-Bezüge zunächst gar nicht vermuten.

Beide Projekte wurden und werden vom IPN forschend begleitet, um herauszufinden, welche Wirkungen durch diese ergänzenden Angebote erzielt werden können. Dabei zeigte sich beispielsweise für NaWi-aktiv (in Ergänzung zum Regelunterricht) ein messbarer Lernfortschritt im Verständnis naturwissenschaftlicher Arbeitsweisen schon in den Jahrgangsstufen 5 und 6. Aus unserer Sicht ist das ein klares Plädoyer für die Einführung eines Faches Naturwissenschaften im Übergang vom Sachunterricht im Elementarbereich zum Fachunterricht in der Sekundarstufe I. Weiterhin konnten positive Entwicklungen auf das naturwissenschaftliche Selbstkonzept nachgewiesen werden. Auch das sehen wir als ein Zeichen dafür, dass sich Schülerinnen und Schüler in diesen Jahrgängen noch zutrauen, erfolgreich naturwissenschaftlich zu arbeiten. Hier gilt es, auch in nachfolgenden Jahrgängen Erfolgserlebnisse zu vermitteln, damit das Selbstvertrauen erhalten bleibt und ein Interessensverlust verhindert wird.

Inwiefern sich darüber hinaus die Vorstellungen von „typischen Aufgaben und Merkmalen von Naturwissenschaftlerinnen und Naturwissenschaftlern" ändern, wird derzeit analysiert – wir sind gespannt und stellen interessierten Lehrkräften gern Instrumente für eigene begleitende Untersuchungen ihres Wahlpflicht- bzw. Wahlunterrichts zur Verfügung.

Ilka Parchmann, Wilfried Wentorf und Tim Höffler.

Schwimmen und Sinken

Warum schwimmt etwas?

Ob ein Körper im Wasser schwimmt oder nicht, hängt von dem Material ab, aus dem er gefertigt ist, und von seiner Zustandsform.

Styropor zum Beispiel besteht aus geschäumtem Polystyrol. In seinem Innern finden sich viele luftgefüllte Hohlräume. Die guten Schwimmeigenschaften erklären sich deshalb aus den Eigenschaften des Polystyrols im Zusammenspiel mit der darin eingeschlossenen Luft. Ähnliches gilt für die verschiedenen Holzarten.

In metallischen und vielen anderen Werkstoffen dagegen finden sich keine Lufteinschlüsse. Hier ist die Schwimmfähigkeit (auch die fehlende) ein charakteristisches Merkmal für das Material selbst.

Ob ein Körper schwimmt oder nicht, kann durch Ausprobieren leicht herausgefunden werden, indem er ins Wasser gelegt wird. Dabei kann dreierlei passieren:
- Er **schwimmt** (bleibt an der Wasseroberfläche und ragt darüber hinaus)
- Er **schwebt** (taucht völlig ins Wasser ein, geht aber nicht unter und kann an jeder Stelle verweilen)
- Er **sinkt** (fällt von allein bis auf den Grund)

Erklärungen dazu können auf zweierlei Weise erfolgen, nämlich mit Hilfe
1. des **Auftriebs** (dem Verhältnis von Auftriebs- und Gewichtskraft) oder
2. der **Dichte** (dem Verhältnis von Gewicht und Volumen)

Zu 1.
   a. Ein Körper **schwimmt**, wenn er nur zum Teil eintauchen muss, um so viel Wasser zu verdrängen, wie er selbst wiegt (Auftriebskraft > Gewichtskraft).
   b. Er **schwebt**, wenn der Körper vollständig eintauchen muss, damit das Gewicht der verdrängten Wassermenge genau dem Eigengewicht entspricht (Auftriebskraft = Gewichtskraft).
   c. Er **sinkt**, wenn der Körper vollständig eintaucht, das Gewicht der verdrängten Wassermenge aber geringer ist als sein eigenes (Auftriebskraft < Gewichtskraft).

Zu 2.
   a. Ein Körper **schwimmt,** wenn seine Dichte geringer als die des Wassers ist.
   b. Er **schwebt**, wenn seine Dichte gleich der des Wassers ist.
   c. Er **sinkt**, wenn seine Dichte größer als die des Wassers ist.

Schwimmen und Sinken

I. Heranführung an den Dichtebegriff

Kommentar:

Fachlicher Hintergrund:

Ob ein Körper sinkt oder schwimmt, hängt von seiner Dichte ab. Diese wird aber von den Lernenden nicht leicht verstanden, weil es sich hierbei um eine Verhältnisgröße handelt:

Teilt man die Masse (= m) eines Körpers durch sein Volumen (= V) erhält man seine Dichte (= ρ).

$$\text{Dichte} = \frac{\text{Masse [kg]}}{\text{Volumen [m}^3\text{]}}$$

$$\rho = \frac{m}{V}$$

Außerhalb der Physik wird die Masse oft auch als Gewicht bezeichnet. Wer diesen alltagssprachlichen Begriff verwendet, sollte sich darüber im Klaren sein, dass dies zu Verwechslungen führen kann, weil Gewicht auch für die Gewichtskraft, den Wägewert und das Gewichtsstück stehen kann.

Im internationalen Einheitensystem, abgekürzt SI (Système international d'unités), ist die Einheit das Kilogramm (kg).

Volumen bezieht sich hier auf die „Größe" eines Körpers, seine „räumliche Ausdehnung" bzw. seinen „räumlichen Inhalt". Das Volumen kann in vielen Fällen errechnet, aber auch experimentell bestimmt werden. Im internationalen SI-System ist die Einheit der Kubikmeter (m3).

Üblich ist auch das CGS-System („Centimetre Gram Second"). Dichten werden hier in Gramm pro Kubikzentimeter (g/cm3) angegeben.

Didaktischer Hintergrund:

Ein Körper schwimmt, wenn die mittlere Dichte des Materials kleiner als die des Wassers ist. Um dieses Verständnis bei den Lernenden aufzubauen, werden zwei Varianten (M1, M2) vorgeschlagen, die arbeitsteilig von Schülergruppen erarbeitet und präsentiert werden können.

Bei Material M1 werden Stoffe mit gleichem Gewicht und unterschiedlichem Volumen zur Heranführung an den Dichtebegriff genutzt.

Das Material M2 arbeitet mit Stoffen, die ein gleiches Volumen, aber unterschiedliches Gewicht besitzen.

Schwimmen und Sinken

M1 (1)

Was schwimmt, was geht unter?

Im Bild seht ihr eine Münze, den Abschnitt eines Schmelzklebers und ein Stück Kork.

Stellt Vermutungen an und schreibt sie auf:

- Münze: _____
- Kleber: _____
- Kork: _____

Seid ihr in allen Fällen sicher? Schreibt auf, worüber ihr zur Beantwortung der Frage nachgedacht habt!

_____
_____
_____
_____
_____
_____
_____

Kommentar:
Viele Lernende glauben wahrscheinlich, dass das Gewicht über Sinken und Schwimmen entscheidet. Dass es auf die „Dichte" ankommt, in der das Gewicht nur eine Größe ist, wird ihnen nicht klar sein. Um das zu thematisieren, werden hier drei Gegenstände angeboten, von denen bei zweien die Lernenden wahrscheinlich wissen, dass sie schwimmen (Kork) oder untergehen (Münze). Bei einem (Kleber) werden sie aber unsicher sein.

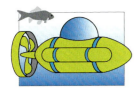

Schwimmen und Sinken

M1 (2)

Entscheidet das Gewicht über die Schwimmfähigkeit?

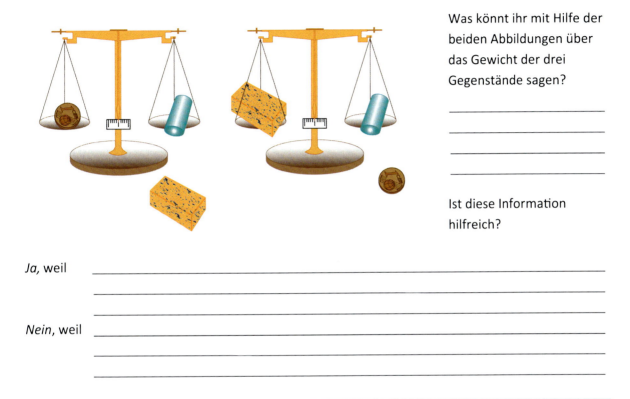

Was könnt ihr mit Hilfe der beiden Abbildungen über das Gewicht der drei Gegenstände sagen?

_____
_____
_____
_____

Ist diese Information hilfreich?

Ja, weil _____
_____
_____

Nein, weil _____
_____
_____

Kommentar:
Bei der Auswertung der Wiegeergebnisse sollte das Gespräch so geführt werden, dass das Gewicht in seiner Bedeutung etwas eingeschränkt und die „Größe" der Gegenstände mit in den Blick genommen werden kann. Beispielsweise könnte gesagt werden, dass im Verhältnis zur Größe das Gewicht der Münze ziemlich groß und das des Korkstücks recht klein ist. Zu erwägen ist, ob an dieser Stelle bereits die Dichte ins Spiel gebracht werden sollte, sodass beispielsweise formuliert werden könnte, dass die Münze eine größere Dichte hat als der Kork.

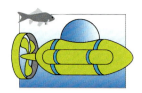

Schwimmen und Sinken

M1 (3)

Warum schwimmt Kork, Münze und Kleber aber nicht?

Erklärung: _____
_____
_____
_____
_____
_____
_____
_____
_____

Kommentar:
Bei der Auswertung der Untersuchungsergebnisse können Betrachtungen zur Dichte angestellt werden. Beispielsweise finden sich in vielen Physiksammlungen Blei-, Eisen-, Kupfer-, Messing-, Zink-, Aluminium-, Hartgummi- und Holzwürfel mit einem Volumen von 1 Kubikzentimeter, die durch Prägung gekennzeichnet sind und deren Dichten durch Wiegen leicht bestimmt werden können. Ergänzt wird das mit einer Dichtetabelle aus bereits vorgestellten und noch zu besprechenden Materialien.

Gegenstand	Dichte $\frac{g}{cm^3}$
Heißkleber	~ 1
reines Wasser	~ 0,998
Salzwasser (3-4%ig)	~ 1,02
Kork	~ 0,5
Styropor	~ 0,015
Luft	
Blei	
Eisen	
Kupfer	
Messing	
Zink	
Aluminium	
Hartgummi	
Holz	

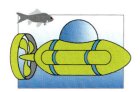

Schwimmen und Sinken

M2

Gleiche oder doch nicht gleiche Kugeln

Material:
Holz-, Styropor-, Knetgummikugel, Wanne mit Wasser
Durchführung:
Lege alle drei Kugeln in eine mit Wasser gefüllte Wanne!
Beobachtung:
Beschreibe deine Beobachtungen und zeichne sie in die Skizzenvorlage ein!

_____
_____
_____

Erklärung:
_____
_____
_____

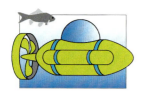

Schwimmen und Sinken

M2 Aufgaben (1):

1. Die Kugeln 1, 2 und 3 bestehen aus den gleichen Materialien wie die Kugeln aus dem vorherigen Versuch. Schreibe hinter jede Kugel, aus welchem Material sie besteht.

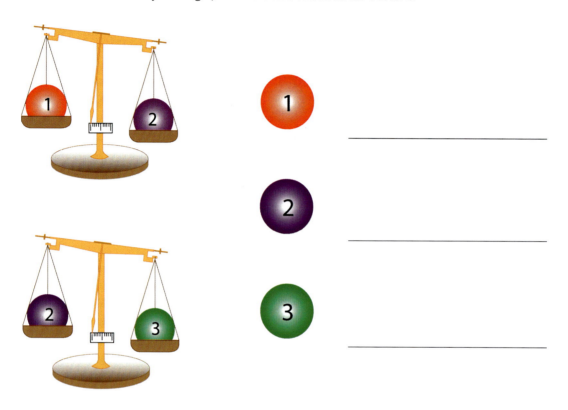

1 _____

2 _____

3 _____

2. Fülle die Lücken aus:
   Werden die drei Kugeln ins Wasser gegeben, so kann man beobachten, dass die Kugel aus Knetmasse _____. Die Kugeln aus Holz und Styropor _____.
   Die Kugel aus _____ schwimmt, taucht aber tiefer ins Wasser ein als die _____ kugel. Legt man die Kugel aus _____ auf eine Waage, so kann man feststellen, dass sie am schwersten ist. Alle drei Kugeln haben das gleiche _____, aber die Kugeln sind unterschiedlich _____. Das Verhältnis von Gewicht und Volumen bezeichnet man als _____. Haben drei Körper das gleiche Volumen, aber unterschiedliche Gewichte, so unterscheidet sich auch die Dichte der Körper. Der Körper mit dem höchstem Gewicht hat in diesem Fall auch die höchste _____. Die Kugel mit der geringsten Dichte ist in unserem Fall die Kugel aus _____.

Dichte | Dichte | Holz | knete | schwer | schwimmen | sinkt | Styropor | Styropor | Volumen

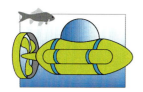

Schwimmen und Sinken

M2 Aufgaben (2)

Ein Körper kann schwimmen, wenn seine Dichte kleiner als die von Wasser ist.
Man kann die Dichte in Gramm pro Kubizentimeter ($\frac{g}{cm^3}$) angeben.

Gegenstand	Dichte in $\frac{g}{cm^3}$
Gold	19,32
Kupfer	8,9
Eisen	7,87
Knete	~1,7
reines Wasser	~ 0,998
Salzwasser (3-4%ig)	~ 1,02
Holz (trocken)	0,5 -0,9
Kork	~ 0,15
Styropor	~ 0,015
Luft	~ 0,0012

3. Erkläre mithilfe der Tabelle deine Beobachtungen aus Versuch M2

_____
_____
_____
_____
_____
_____
_____
_____

Kommentar:
Zur Durchführung der Versuchsreihe M2 ist es wichtig Kugeln zu nehmen, die annähernd das gleiche Volumen aufweisen. Die Schüler erkennen, dass bei Gegenständen mit dem gleichen Volumen deren Masse für das Schwimmverhalten verantwortlich ist. Aus diesem Zusammenhang lässt sich der Dichtebegriff herleiten.
Ein Vergleich der Ergebnisse von M1 und M2 durch Schülergruppen eröffnet für die Lerngruppe zwei Zugänge zum Dichtebegriff.

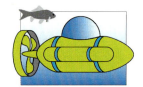

Schwimmen und Sinken

II. Schwimmen und Sinken bei Hohlkörpern (4 optionale Angebote)

M3 (1)

Schwimmt Eisen?

Wie schätzt du die Schwimmfähigkeit eines Deckels aus Eisenblech ein?

Geht unter ( )
Schwimmt ( )
Anderes ( )

Erklärung: _____
_____
_____
_____
_____

> **Kommentar:**
> Aufgrund der Dichte von Eisen könnte geschlussfolgert werden, dass der Deckel untergeht. Es ist aber damit zu rechnen, dass die Alltagserfahrung ein guter Lehrmeister war und vielen Schülerinnen und Schülern klar ist, dass hier ein besonderer Fall vorliegt. Es steht aber auch zu erwarten, dass ihre Erklärungen fehlerbehaftet sind und deshalb nicht voll überzeugen. Wie sollte damit umgegangen werden?
> Anzustreben wäre die Einsicht, dass die Deckel Hohlkörper sind (Wenn nötig, wird zur Stützung dieser Vorstellung ein Deckel mit Klarsichtfolie überspannt). Der Deckel und die darin enthaltene Luft sind vereint. Zur Dichte zählt nun nicht nur die Masse des Eisens, sondern auch die der Luft. Und das bedeutet ein im Verhältnis zum Volumen geringes Gewicht. Oder einfach ausgedrückt: Der Hohlraum macht das Eisen schwimmfähig.

Schwimmen und Sinken

M3 (2)

Warum schwimmt der eine Deckel, der andere aber nicht?

Erklärung: _____
_____
_____
_____
_____
_____
_____
_____
_____
_____
_____
_____

Kommentar:
Wenn der Deckel mit Wasser vollläuft, geht er unter. Als Teil von Alltagserfahrungen überrascht das die Schüler wahrscheinlich nicht. Die Erklärung könnte aber Schwierigkeiten bereiten. Anzustreben wäre die Vorstellung, dass Wasser in den Hohlraum eindringt, die Luft verdrängt und somit das Eisenblech mit seiner hohen Dichte für den Untergang verantwortlich ist. In der Realität entspricht das der Gefahr, dass ein Boot „vollschlagen" oder Wasser über ein Leck in den Schiffskörper eindringen kann.

Ein Deckel ist mit Styropor (weiß) der andere mit Schaumstoff (rot) gefüllt. Würden beide Deckel schwimmen, auch wenn ihre Böden Löcher hätten?

Erklärung: _____
_____
_____
_____
_____
_____
_____

Kommentar:
In Anlehnung an den Bau von Sportbooten sind die Deckel mit „Auftriebskörpern" bestückt, die das Untergehen verhindern sollen. Das Besondere ist, dass es sich in beiden Fällen um Schaumstoffe handelt, Styropor aber geschlossen- und Kunstschwamm offenporig ist.

17

Schwimmen und Sinken

M3 (3)

Warum schwimmt nur der mit Styropor ausgefüllte Deckel?

Erklärung: _____
_____
_____
_____
_____
_____
_____
_____
_____
_____
_____

Kommentar:
Mit diesem Versuch wird gezeigt, dass der Kunstschwamm – im Gegensatz zum Styropor – sich mit Wasser vollsaugt und deshalb samt Deckel untergeht. Der Grund liegt in der Beschaffenheit. Beide Schaumstoffe beinhalten Luftblasen, die man beim Kunstschwamm mit bloßem Auge, besser aber mit einer Lupe erkennen kann. Für das Styropor wird ein Auflichtmikroskop benötigt oder man begnügt sich mit einer Abbildung.
Ob sich die Blasen mit Wasser füllen, hängt vom Material der Wandungen ab: Beim Kunstschwamm ist es saugend, beim Styropor nicht.

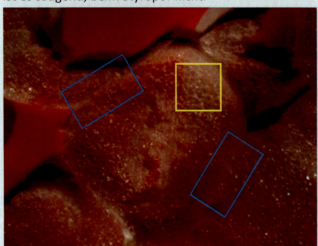

Die Aufnahme zeigt einen dünnen Schnitt aus einem Styroporblock. Um die Einzelheiten besser erkennen zu können, wurde ein roter Untergrund gewählt.

Wenn Styropor zerschnitten wird, lösen viele kleine Kügelchen. Dass diese im Styropor miteinander verklebt sind, zeigt sich in den blauen Rahmen.
Der gelbe Rahmen soll den Blick darauf lenken, dass die Styropor-Kügelchen selbst aus vielen Kammern (Blasen) bestehen.

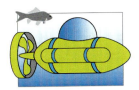

Schwimmen und Sinken

M4

Das Kupferblechboot

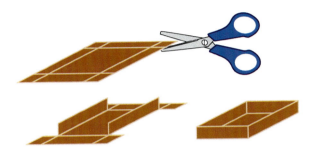
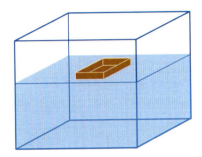

Kommentar:
Bei diesem Versuch wird aus dem den Schülern bereits aus **M1** bekanntem Kupferblech ein schwimmfähiger Kasten geformt. Die Schüler erfahren den Widerspruch, dass das gleiche Material, das bei **M1** durch seine zu hohe Dichte schwimmunfähig war, nun schwimmt. Zur Klärung muss den Schülern verdeutlicht werden, dass der gefaltete Kupferblechquader als ein Körper betrachtet werden kann, der aus Kupfer und Luft zusammengesetzt ist. Die Dichte dieses zusammengesetzten Körpers ist kleiner als die des Wassers.

M5

Das Knetgummiboot

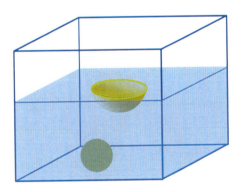

Kommentar:
Im Versuch M2 haben die Schüler festgestellt, dass Knete aufgrund seiner hohen Dichte nicht schwimmt. Mit diesem Versuch erfahren die Schüler, dass Knete, die als Klumpen untergeht, in spezielle Form gebracht schwimmen kann. Wie schon M3 und M4 entspricht dieser Versuch dem Phänomen, dass ein tonnenschweres Stahlschiff schwimmt, obwohl das Metall, aus dem das Schiff gebaut ist, als Klumpen untergehen würde. Die Erklärung des Versuchs geschieht analog zu M3 und M4.
Weitere Anregungen und Aufgaben zu diesem Versuch finden sie auf der Internetseite des Instituts für Physikdidaktik der Universität Kassel: www.uni-kassel.de/fb10/institute/physik.

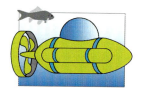

Schwimmen und Sinken

M6

Der Orangenversuch

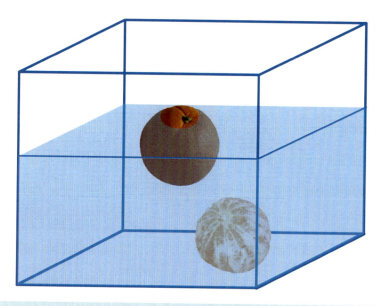

Kommentar:

Eine weitere Möglichkeit, die Schwimmfähigkeit zusammengesetzter Körper zu verdeutlichen, besteht darin, die Schwimmfähigkeit einer Orange zu untersuchen.

Eine Orange mit Schale schwimmt. Ohne Schale geht sie unter.

Zu erklären ist diese Beobachtung mit dem Aufbau der Orangenschale. In der Schale befinden sich zahlreiche Lufteinschlüsse, die fühlbar werden, wenn man ein Stück Schale eindrückt. Einer geschälten Apfelsine fehlen diese Lufteinschlüsse, so dass die mittlere Dichte des Fruchtkerns ohne Schale höher ist als die des Wassers.

Gegenstand	Dichte in g/cm³
Fruchtkern einer Orange	1,04
Orangenschale	0,75 – 0,8
reines Wasser	~ 0,998

*Wolfgang Riemer hat zu diesem Versuch ausführliche Informationen und weiterführende Aufgabenstellungen in MNU 49/8, 1996, S.486-487 aufgeführt.

Schwimmen und Sinken

III. Der Auftrieb

M7

Auftrieb erfahren

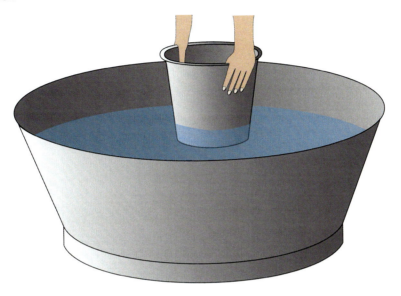

Kommentar:
Oft wird die Schwimmfähigkeit mit dem Auftrieb erklärt, den ein Körper erfährt, wenn er ins Wasser taucht. Die Schüler können diese Kraft erfahren, wenn sie versuchen, einen Eimer mit dem Boden voran in eine mit Wasser gefüllte Wanne zu drücken. Füllt man den Eimer mit Steinen, kann gezeigt werden, dass Gewicht und Eintauchtiefe voneinander abhängen: Der Eimer taucht so tief ins Wasser ein, bis die Auftriebskraft genauso groß ist wie die Gewichtskraft der von ihm verdrängten Wassermenge oder, anders ausgedrückt, bis die von ihm verdrängte Wassermenge genauso schwer ist wie der mit Steinen gefüllte Eimer. Legt man zu viele Steine in den Eimer, geht er unter. Der Eimer samt Steinen wiegt dann mehr als er Wasser verdrängen kann.

Schwimmen und Sinken

M8

Was bedeutet Auftrieb?

Du brauchst:
Überlaufgefäß, Waage, Messzylinder, schwimmfähige und nicht schwimmfähige Körper

Durchführung:

1. Ermittle die Gewichte der verschiedenen Körper und notiere sie in der Tabelle unter dieser Aufgabe.
2. Fülle das Überlaufgefäß mit Wasser.
3. Lege den ersten Körper hinein und fange das überlaufende Wasser auf.
4. Ermittle das Gewicht des verdrängten Wassers und notiere den Wert neben dem des eingetauchten Körpers
5. Verfahre so mit allen Körpern und vergleiche die Werte. Was stellst du fest?

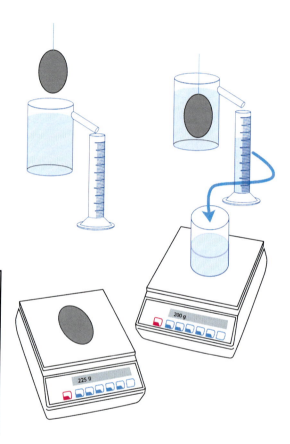

	Gewicht des Körpers	Volumen des verdrängten Wassers	Gewicht des verdrängten Wassers
Körper 1	g	cm³	g
Körper 2	g	cm³	g
Körper 3	g	cm³	g
Körper 4	g	cm³	g

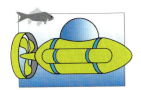

Schwimmen und Sinken

M9

Wir können die Auftriebskraft messen!

Wie du im Versuch M2 gesehen hast, ist Styropor ein sehr leichtes Material mit einer niedrigen Dichte. Dadurch schwimmt es besonders gut und hat eine hohe Auftriebskraft. Für unser Bootsbauprojekt scheint es also geeignet zu sein. Wir können die Auftriebskraft von Styropor messen und mit der eines anderen Werkstoffs, z.B. Holz, vergleichen. Für die folgenden Versuche und Aufgaben brauchst du die Holz- und Styroporkugel aus Versuch M2. Beide Kugeln haben das gleiche Volumen!

Du brauchst: hohes durchsichtiges Gefäß mit Wasser gefüllt, Waage, Styropor- und Holzkugel gleichen Volumens, Federwaage, zwei Ösen zum Befestigen der Kugeln an der Federwaage, Gewicht, Schnur zum Festbinden

Aufgaben

a.) Lege die Holz-und die Styroporkugel noch einmal ins Wasser. Betrachte beide Kugeln im Wasser. Fällt dir etwas auf?

_____

_____

_____

b.) Messe das Gewicht der Holzkugel und das der Styroporkugel.

　　Gewicht Holzkugel:　　　　　_____g

　　Gewicht Styroporkugel :　　 _____ g

　　Gewichtsunterschied:　　　 **_____g**

c.) Befestige nacheinander die Kugeln an der Federwaage und messe die Auftriebskraft wie in der Zeichnung.

　　Auftriebskraft Holzkugel　　　_____N

　　Auftriebskraft Styroporkugel　_____N

　　Differenz Auftriebskraft　　　 **_____N**

Zusatz: Kannst du aus deinen Messungen einen Merksatz herleiten, der beschreibt, wie das Volumen, das Gewicht und die Auftriebskraft zusammenhängen?

Schwimmen und Sinken

M10

Eine weitere Möglichkeit, die Auftriebskraft zu messen

Du brauchst:
- Federwaage
- Verschiedene Körper, die unterschiedlich tief ins Wasser eintauchen und einen, der untergeht
- Passendes Gefäß

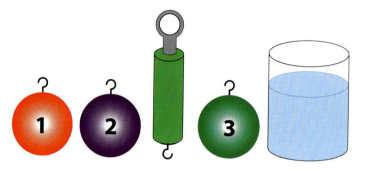

Überlege, was du tun kannst, um mit den gegebenen Geräten und Materialien die unterschiedlichen Auftriebskräfte zu messen. Führe dann die Versuche durch und notiere die ermittelten Werte in der Tabelle unten.

Körper	Gewichtskraft	Auftriebskraft
1	N	N
2	N	N
3	N	N

In welchem Verhältnis steht die Gewichtskraft zur Auftriebskraft bei einem Körper, der untergeht?

Kommentar:
Ein ins Wasser eingetauchter Körper verliert scheinbar an Gewicht. Ursache ist die Auftriebskraft, die der Gewichtskraft entgegen wirkt. Augenscheinlich wird das an der Auslenkung der Federwaage: Taucht der Körper ins Wasser ein, wird die Federwaage weniger stark ausgelenkt. Die Auftriebskraft errechnet sich aus der Differenz der beiden gemessenen Werte.

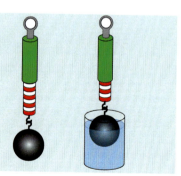

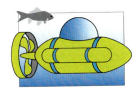 

Schwimmen und Sinken

IV. Dichteunterschiede bei Salz- und Süßwasser

M11

Ein Stück des gleichen Klebers kann in Wasser sowohl schwimmen als auch untergehen. Wie kann das sein?

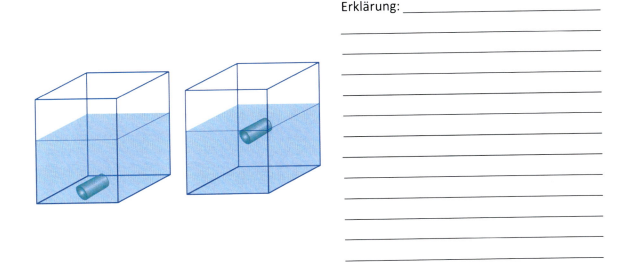

Erklärung: _____
_____
_____
_____
_____
_____
_____
_____
_____
_____
_____
_____

Kommentar:

Mit diesem Versuch soll der Blick auf die Dichte des Wassers gelenkt werden. Der Grund, warum der Schmelzkleber in dem einen Glas schwimmt und in dem anderen nicht (Glas 1: Leitungswasser, Glas 2: Salzwasser), dürfte den Schülern nicht so leicht zugänglich sein. Es ist aber anzunehmen, dass sie erkennen können, dass der Grund im Wasser verborgen liegt, wenn man das gleiche Kleberstück verwendet. Vielleicht werden einige Schüler auch mutmaßen, dass die Dichte des Wassers unterschiedlich sein könnte. Das wäre der perfekte Aufhänger für den nächsten Versuch.
Alternative: Anstelle eines Stücks Heißklebers lässt sich dieser Versuch auch gut mit einem Bernstein durchführen.

Gegenstand	Dichte in g/cm³
Leitungswasser	1,0
Stück Heißkleber	~1,1
Bernstein	~1,07
Salzwasser (gesättigt)	1,18

Schwimmen und Sinken

M12

Ein selbstgebautes Aräometer zur Dichtebestimmung von Wasser

Du brauchst:
Trinkhalm zum Abknicken, Heißkleber, feinen Sand, Kochsalz, Löffel, hohes Glasgefäß, wasserfesten Folienstift

Durchführung:

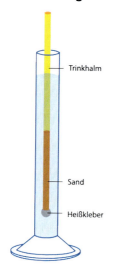
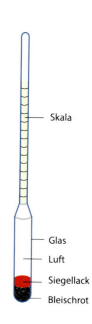

Die Abbildung rechts zeigt ein vom Fachmann hergestelltes Aräometer.

Die Abbildung links erklärt, wie ein solches Messgerät mit einfachen Mitteln nachgebaut werden kann:
Halm am unteren Ende mit Heißkleber verschließen und in das Röhrchen so viel Sand geben, dass es auf die gewünschte Tiefe eintaucht, ohne den Boden zu berühren. Die Eintauchtiefe mit dem Folienstift markieren.

Diese so genannte „Kalibrierung" wird im Leitungswasser vorgenommen.

Nach dem Kalibrieren das Aräometer aus dem Wasser nehmen, 2-3 Löffel Salz hineingeben und so lange umrühren, bis es sich aufgelöst hat. Danach erneut mit dem Aräometer prüfen.

Beobachtung:

_____
_____

Erklärung:

_____
_____
_____
_____
_____
_____

Kommentar:
Das Aräometer taucht deutlich weniger tief ein, weil Salzwasser eine höhere Dichte als Trinkwasser hat.

Schwimmen und Sinken

M13

Sind Schiffe durch Dichteunterschiede im Wasser gefährdet?

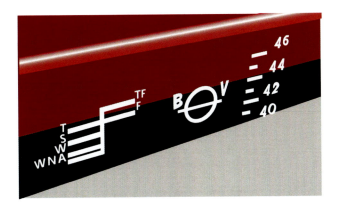

Das Bild zeigt eine so genannte Freibordmarke. Mit Hilfe dieses Namens findest du im Internet die Erklärungen zu den Zeichen und Symbolen.

Informiere dich und erkläre deren Sinn mit eigenen Worten!

Erklärung: _____
_____
_____
_____
_____
_____
_____
_____

Kommentar:
Die Freibordmarke wird auf beiden Außenseiten des Schiffskörpers angebracht und kennzeichnet den höchstzulässigen Tiefgang. Eine Überladung ist damit jederzeit erkennbar. Die Lademarken berücksichtigen die unterschiedliche spezifische Dichte von Salzwasser mit höherem Auftrieb und somit geringerem Tiefgang, ebenso warmes Gewässer mit hohem Tiefgang und kaltes Gewässer mit geringem Tiefgang.

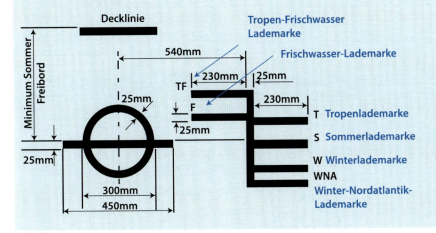

Quelle:
Vierte VO über Änderungen des internationalen Freibord-Übereinkommens von 1966 (BGBl 2005 Teil II Nr. 7 vom 9. März 2005

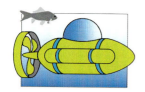 Schwimmen und Sinken

V. Vertiefungsbilder zum Thema Schwimmen und Sinken

Auftriebskörper einer Segeljolle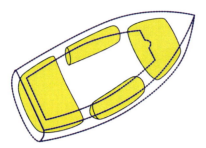

Baden im Toten Meer (Israel)

Nautilus im Wasser schwebend

Querschnitt durch die Schale einer Nautilus-Muschel

Das englische Kriegsschiff HMS Royal Sovereign im Gefecht

Schotten im Mittelschiff der HMS Royal Sovereign

Warum ein U-Boot auf- und abtauchen oder unter Wasser schweben kann

Eine Präsentation mit diesen Bildern finden Sie unter: www.nawi-aktiv.de/werft

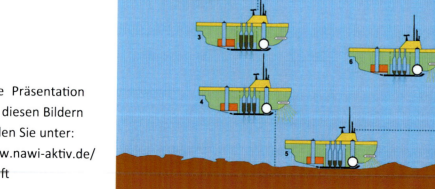

Antreiben

I. Vorbereitende Aufgaben

A.) Kennenlernen des Baustoffs Styropor

M15

Wie Styropor hergestellt wird

Kommentar:
Den Werkstoff Styropor haben die Schüler schon in den Versuchsreihen zum Thema „Schwimmen und Sinken" kennengelernt. Er ist zudem das Baumaterial für die entstehenden Boote in den nachfolgenden Kapiteln. Es lohnt sich also diesen Stoff einmal genauer anzuschauen. Mit Hilfe von expandiertem Polystyrol (EPS), das in Perlenform käuflich zu erwerben ist, kann mit einfachen Versuchen der Herstellungsprozess nachvollzogen und der Aufbau von Styropor einsichtig gemacht werden.

Du brauchst

- Perlen aus expandiertem Polystyrol
- (EPS-Perlen)[1]
- Herd oder Kochplatte
- Kochtopf mit Deckel
- Teelöffel
- Kochlöffel
- Großes Sieb
- Geschirrtuch
- Halbkugeln aus Metall[1] oder andere gegen heißes Wasser beständige Formen
- Gummiringe
- Tiegelzange
- Schutzhandschuhe

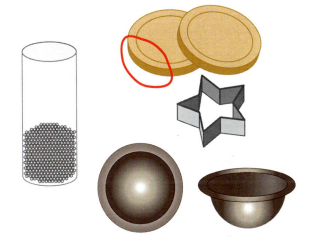

EPS-Perlen   Formgebende Behälter

Vorschäumen

1. Gib so viel Wasser in den Kochtopf, dass der Boden gut bedeckt ist. Erhitze es bis zum Sieden.
2. Gib 3-4 gehäufte Teelöffel EPS-Perlen in das siedende Wasser und decke den Topf mit dem Deckel zu.
3. Sieh ab und zu nach, was mit den EPS Perlen geschieht und rühre die Perlen gut um.
4. Wenn sich die Perlen nicht mehr verändern, legst du das Sieb über den Ausguss und gießt Wasser und Perlen hinein. Benutze dazu die Handschuhe.

---

[1] EPS Perlen und Metallhalbkugeln können kostenlos unter www.basf.de/schule (--> Lernen mit der BASF --> Experimentiersets für Schulen) bezogen werden.

Antreiben

Zwischenlagern

1. Lass die Perlen gut abtropfen, schütte sie dann auf ein Geschirrtuch und breite sie aus.
2. Lass die Perlen ca. 5 Minuten ruhen, bis sie völlig erkaltet sind.

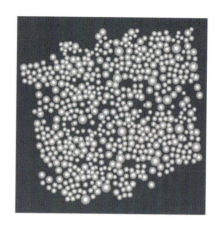

Aufgaben:

Volumen der Perlen vor dem Schäumen: _____ ml
Volumen der Perlen nach dem Schäumen: _____ ml
Um welchen Faktor hat sich das Volumen vergrößert? _____

Gewicht der Perlen vor dem Schäumen: _____ g
Gewicht der Perlen nach dem Schäumen: _____ g
Um welchen Faktor hat sich das Gewicht vergrößert? _____

Zusatz:
Berechne die Dichte der Perlen vor dem Aufschäumen und nach dem Aufschäumen.
Dichte vor dem Aufschäumen: _____ g/ml
Dichte nach dem Aufschäumen: _____ g/ml
Dichte von Wasser: 1,0 g/ml

Kannst du nach der Betrachtung deiner Ergebnisse sagen, warum Styropor so gut schwimmt?
Weiterführende Fragen:
Warum vergrößert sich das Volumen?
Was ist mit den Kugeln passiert?

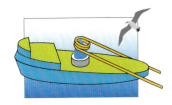

Antreiben

Ausschäumen

1. Fülle den Kochtopf halb mit Wasser und setze ihn auf zum Kochen.

2. Fülle die Halbschalen mit den vorgeschäumten Perlen und fixiere sie mit Klebeband oder Gummiringen. Alternativ kannst du für diesen Zweck auch ein anderes verschließbares Gefäß verwenden

3. Wenn das Wasser siedet, legst du das Objekt mit der Zange in den Topf mit dem siedenden Wasser und regelst die Heizplatte so ein, dass das Wasser nicht zu stark aufwallt.

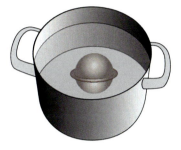

4. Nach ca. 5 Minuten nimmst du sie mit der Zange aus dem Wasser und legst sie zum Abkühlen auf das Geschirrtuch.

5. Wenn sie kalt geworden sind, nimmst du die Halbschalen auseinander bzw. öffnest das Gefäß

Aufgaben:

Was hat sich verändert?

Welchen Vorteil für die Nutzung hat diese Veränderung?

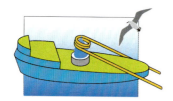

Antreiben

M16

Warum die EPS-Perlen größer werden …

Du brauchst:
- Pentan
- Heißwasserbereiter
- Reagenzglas
- Becherglas
- Pipette
- Luftballon

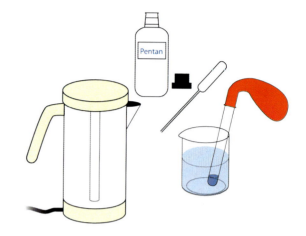

Durchführung:
1. Ein Wasserbad mit ca. 80°C warmen Wasser vorbereiten.
2. In ein Reagenzglas 20 Tropfen Pentan geben.
3. Über das Reagenzglas einen kleinen Luftballon spannen.

Tauche das Reagenzglas in das Wasserbad und achte auf den Ballon.

Beobachtung: _____

_____

… und miteinander verkleben

Du brauchst:
- Heißklebepistole
- Styropor

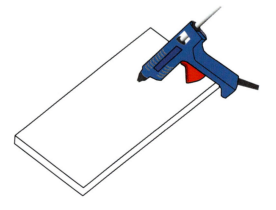

Durchführung:
Verbinde die Heißklebepistole mit dem Stromnetz und warte, bis der Heißkleber flüssig ist. Presse dann eine Portion auf das Styropor. Was geschieht?

Beobachtung: _____

_____

Antreiben

Aufgabe:

Die EPS-Perlen bestehen aus Polystyrol. Polystyrol beginnt bei 60°C weich zu werden und ist bei 100°C recht dünnflüssig. Die EPS-Perlen enthalten Pentan. Pentan ist eine Flüssigkeit, die bei 36°C gasförmig wird.

Erkläre unter Berücksichtigung dieser Informationen, was beim Vor- und Ausschäumen mit den EPS-Perlen geschieht.

Vorschäumen:

Gibt man die EPS-Perlen ins heiße Wasser, wird das Polystyrol _____. Das Pentan im Innern _____ und es bilden sich viele kleine _____. Dadurch nimmt das _____ der Perlen zu. Ein guter Teil des Pentans entweicht und wird durch Luft ersetzt.

Ausschäumen.

Füllt man die _____ Perlen in eine Form, lagern sie sich dicht aneinander. Legt man die Form in heißes Wasser, erwärmen sich die Kugeln, werden weich und _____ an den Berührungsstellen miteinander. Reste des Pentans im Innern _____ die Kugeln weiter auf, was dem Verkleben zugutekommt. Bei diesem Vorgang wird fast alles Pentan gegen _____ ausgetauscht.

Begriffskiste:

Bläschen – weich – vorgeschäumten – wird gasförmig – verkleben – Volumen – Luft – blähen

Lösung:

Vorschäumen:
Gibt man die EPS-Perlen ins heiße Wasser, wird das Polystyrol weich. Das Pentan im Innern wird gasförmig und es bilden sich viele kleine Bläschen. Dadurch nimmt das Volumen der Perlen zu. Ein guter Teil des Pentans entweicht und wird durch Luft ersetzt.

Ausschäumen.
Füllt man die vorgeschäumten Perlen in eine Form, lagern sie sich dicht aneinander. Legt man die Form in heißes Wasser, erwärmen sich die Kugeln, werden weich und verkleben an den Berührungsstellen miteinander. Reste des Pentans im Innern blähen die Kugeln weiter auf, was dem Verkleben zugutekommt. Bei diesem Vorgang wird fast alles Pentan gegen Luft ausgetauscht.

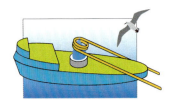

Antreiben

M 17

Wir bauen ein Boot aus Styropor

Kommentar:

Styropor ist ein leicht zu bearbeitender Werkstoff. Da er aber beim Zerschneiden mit Messer oder Säge ziemlich krümelt, empfiehlt sich ein Styroporschneider. Der Umgang mit ihm benötigt etwas Achtsamkeit, damit Verbrennungen vermieden werden. Das gilt besonders für den Schmelzkleber, der zum Zusammenfügen der Teile benutzt werden soll. Er kann unangenehme Verbrennungen verursachen, wenn er mit der Haut in Berührung kommt. Die angebotenen Übungen sollen die nötigen Erfahrungen für einen achtsamen Umgang mit den Werkzeugen und Materialien liefern und letztlich auch Spaß machen.

Die zur Erläuterung der Aufgaben verwendeten Abbildungen sollen Anregungen liefern, aber nicht nur kopiert werden. Eigene Lösungen sind gefragt. Möglicherweise kann ein Wettbewerb die Sache weiter befördern.

Du brauchst:

- Brettchen
- Küchen- oder Cuttermesser
- Heißklebepistole
- Styroporschneider
- Haarpinsel
- Plakafarben

Durchführung:

Lass dir von deiner Lehrkraft eine Styroporplatte aushändigen. Überlege, welche Art von Boot du bauen möchtest. Zeichne die Form mit einem Filzstift auf, ehe du sie ausschneidest. Kleinere Stücke kannst du mit dem Küchen oder Cutter-Messer schneiden.

Für die größeren Teile solltest du den Styroporschneider verwenden, damit es nicht so krümelt.

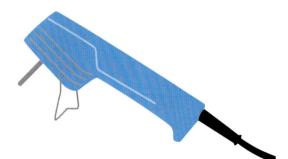

Zum Zusammenfügen der Teile benötigst du Klebstoff. Schmelzkleber ist dafür geeignet. Aber sei vorsichtig, er ist sehr heiß und kann schmerzhafte Verbrennungen verursachen, wenn er mit der Haut in Berührung kommt. Zu heiße und zu große Klebstoffmengen lassen auch das Styropor schmelzen. Geh also vorsichtig mit der Klebepistole zu Werke!

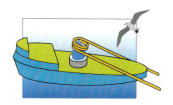

Antreiben

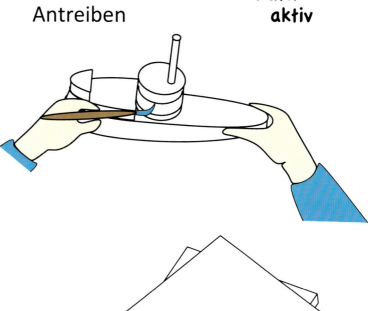

Du kannst die hier abgebildeten Boote nachbauen, schöner wäre es allerdings, wenn du ein eigenes entwickelst.

Dein Boot kannst du später mit einem Antrieb ausstatten. Das ist aber nicht Pflicht. Für die nachfolgenden Versuche schneiden wir einfache Formen zurecht.

NaWi aktiv

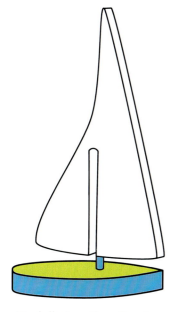

Modell eines Segelbootes

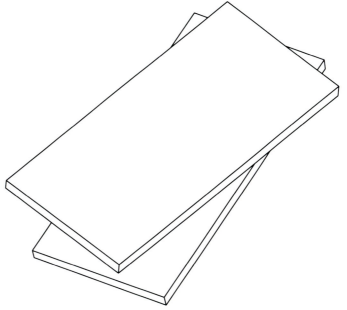

Styroporplatten

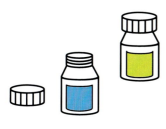

Binderfarben

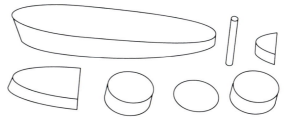

Bauteile

Antreiben

NaWi aktiv

B.) Bau einer „Bootsteststrecke"

M18
Wir stellen ein Wasserbecken für die Boote bereit

Kommentar:
Modellboote aus Styropor tauchen kaum ins Wasser ein, sodass wenige Zentimeter Wasserhöhe ausreichen, um sie schwimmen zu lassen. Das macht es möglich, mit einfachen Mitteln in jedem Klassenraum ein relativ großes Becken bereitzustellen. Mehrere zusammengestellte Tische bieten sich als Unterlage an. Die Wasserfläche befindet sich dann in einer angenehmen Höhe, sodass das Einsetzen wie das Kontrollieren der Boote bequem umgesetzt werden kann.

Benötigte Materialien (Gibt es in fast allen Baumärkten):
- 6 Schalbretter von 2m Länge (In der Mitte durchschneiden lassen!)
- 12 gleiche Scharniere (entweder linke oder rechte) und zur Brettstärke passende Schrauben
- 5m wasserdichte Baufolie von der Rolle (4m breit)
- 4 Wassereimer á 10 Liter
- 10m Gartenschlauch

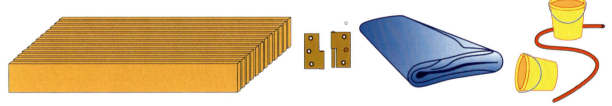

Empfohlen als Sicherung:
- U-Profile aus Aluminium mit einem Innendurchmesser etwas größer als die Brettstärke
- 2m Gurtband und 2 Metallwinkel

Durchführung
An die Bretterenden werden die zwei Teile eines Scharniers geschraubt, mit deren Hilfe sie später zusammengesteckt werden können.

Aus zwölf solchen Brettern lässt sich ein 8 m² großen Kasten zusammenstellen.
Es empfiehlt sich, die Konstruktion im Bereich der Scharniere mit den U-Profilen zu versteifen und sie zusätzlich mit zwei durch ein Gurtband verbundene Winkel zu sichern.

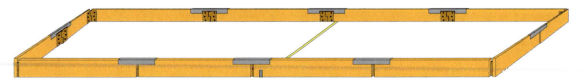

Antreiben

Alternativ können auch Kanthölzer, die mit Schraubzwingen auf den Tischen befestigt werden, ein Verrutschen des Rahmens verhindern.

Die Folie wird faltenfrei über dem Kasten ausgebreitet und danach Wasser eingefüllt. Durch den Wasserdruck schmiegt sich die Folie an den Untergrund und seitlich an die Bretter an

Um das Becken abzubauen, muss das Wasser abgelassen werden. Dazu werden die Eimer und Abschnitte des Gartenschlauchs benötigt. Die Eimer werden auf den Boden gestellt. Mit dem Mund wird das Wasser angesaugt, sodass es von selbst in den tiefer stehenden Eimer abfließen kann.
Mit vier Eimern ist das in einem angemessenen Zeitrahmen zu bewerkstelligen. Letzte Wasserreste können abgezogen werden, wenn man die Tische ein wenig auseinanderzieht, sodass sich das Wasser in der entstehenden Rinne sammeln kann.
Zum Schluss wird die Folie zusammengelegt, der Kasten abgebaut und alles an geeigneter Stelle zur erneuten Verwendung aufbewahrt.

Antreiben

M19

Spannenergie nutzen

Kommentar
Zum Antreiben dieser Modellboote wird die Energie genutzt, die von einem gespannten Gummiband zur Verfügung gestellt wird.
Es kann daran die Speicherung von Energie thematisiert und gezeigt werden, dass die gespeicherte Energie in Bewegungsenergie umgewandelt und dies zum Antreiben der Boote genutzt werden kann. Die verschiedenen Modelle repräsentieren dabei den Versuch, diese Nutzung zu optimieren und damit den Antrieb zu verbessern. Die in der Konstruktion erkennbaren Unterschiede regen zu Mutmaßungen über die Wirksamkeit an, die sich mit Hilfe von Wettfahrten überprüfen lassen, z. B. durch einen Vergleich der mit einer Gummi-Spannung zurückgelegten Strecken.

Du brauchst:
- einen Bootsrumpf aus Styropor mit
- passendem Ausschnitt,
- zwei in der Mitte halb eingesägte
- Holzstreifen,
- ein Gummiband,
- zwei Pins,
- Heißkleber

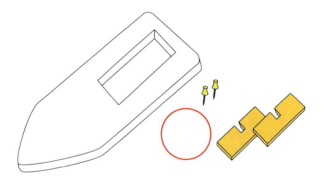

Durchführung:
Stecke die beiden eingesägten Holzstreifen mit den Kerben zusammen und klebe sie mit Heißkleber fest. Prüfe, wo die Pins in den Bootsrumpf gesteckt werden müssen, damit sich das Wasserrad drehen kann. Wenn du die richtige Stelle gefunden hast, steckst du die Pins in das Styropor und klebst sie mit Heißkleber fest. Achtung! Erst wenn der Kleber hart ist, darfst du das Gummiband über die Pins ziehen und das Rad - wie in der Abbildung gezeigt - dazwischen spannen.
Für die Fahrversuche ziehst du den Motor durch Drehen des Wasserrades auf. Das Rad musst du festhalten und erst loslassen, wenn es im Wasser ist.

Antreiben

Möglichkeiten zur Optimierung des Antriebs

Du brauchst:

- einen Bootsrumpf aus Styropor (wie
- oben)
- 6-fach eingesägter Ausschnitt einer
- Lochkreissäge,
- 6 in die Sägekerben passende Holzstreifen
- ein zum Bohrloch passendes Rundholz
- zwei Schraubhaken, in deren Öse das
- Rundholz passt
- zwei Leistenabschnitte
- 4 Rollen

einen langen Gummistreifen (z.B. längs aus einem Fahrradschlauch geschnitten)

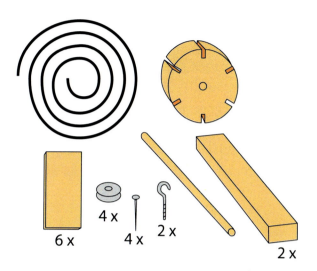

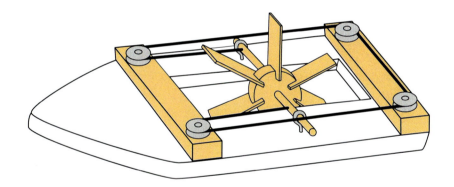

Antreiben

Du brauchst:

- einen Bootsrumpf aus Styropor (wie oben, nur ohne Ausschnitt)
- zwei Ausschnitte einer Lochkreissäge (wie oben)
- 12 in die Sägekerben passende Holzstreifen
- U-förmiges Profil aus Metall mit Bohrungen an den Enden und in der Mitte, Bohrerstärke wie die in der Lochkreissäge
- zu den Bohrlöchern passende auf Länge zugeschnittene Rundhölzer, Länge je nach U-Profil und Bootsrumpf
- Gummiringe (z.B. quer aus einem Fahrradschlauch geschnitten)

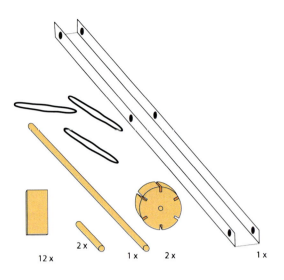

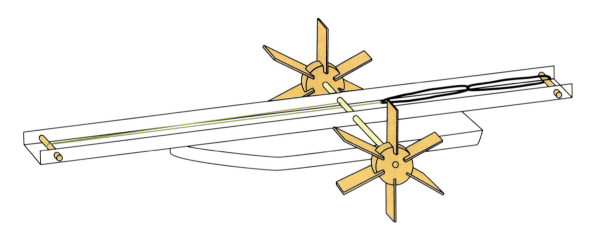

Antreiben

M20

Lageenergie nutzen

Kommentar

Hier wird Energie genutzt, die sich aus unterschiedlichen Wasserständen ergibt. Genutzt werden kann sie, wenn beide Reservoirs oben offen und miteinander verbunden sind. In einem solchen Fall strömt so lange Wasser aus dem Gefäß mit dem höheren Wasserstand, bis sich die Wasserstände angeglichen haben.

Auch hier geht es um Speicherung und Nutzung von Energie.

Du brauchst:

- einen Bootsrumpf und zwei Ausleger
- vier Holzspieße oder entsprechend lange Drahtstifte
- einen Trinkhalm
- Kunststoff-Wasserflasche mit Verschluss, aber ohne Boden

Durchführung:

Bohre in die Mitte des Bootsrumpfes ein Loch, in das die Kappe der Trinkflasche stramm hineinpasst. Befestige danach die beiden Ausleger in einigem Abstand mit jeweils 2 Stiften links und rechts am Bootsrumpf. Bohre in den Flaschenverschluss ein für den Trinkhalm passendes Loch. Stecke den Trinkhalm mit der kürzeren Seite nach der Knickstelle in das Loch und dichte etwaige Lücken mit Heißkleber. Schraube nach Erkalten des Klebers die Kappe samt Trinkhalm auf die Flasche. Führe den Halm durch das Loch im Bootsrumpf und drücke die Kappe in das Loch. Sollte die Flasche nicht aufrecht stehen bleiben, kannst du die Kappe mit Heißkleber zusätzlich im Loch fixieren

Für die Fahrversuche füllst du die Flasche mit Wasser. Quetsche dabei das unter dem Boot herausragende Ende des Trinkhalms zusammen. Auffüllen und Zuhalten gelingt am besten zu zweit.

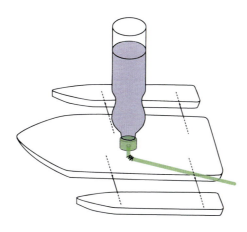

Antreiben

M21

Das Put-Put-Boot

Kommentar
Bei dem hier zu konstruierenden Modellboot wird Wasserdampf für den Antrieb genutzt. Eine Spiritusflamme erhitzt Wasser, das sich in einem engen Rohr befindet. Erreicht die Temperatur 100° C bildet sich Wasserdampf, der das im Rohr befindliche Wasser schlagartig nach außen drückt. Da sich das Gas bei diesem Vorgang entspannt, entsteht im Rohr ein Unterdruck und neues Wasser wird eingesaugt. Da dieses aber sofort wieder von der Spiritusflamme erhitzt wird, wiederholen sich die Vorgänge in kurzen zeitlichen Abständen. Das Ausstoßen des Wassers führt zu dem typischen Geräusch, von dem das Boot seinen Namen hat.

Du brauchst:

- einen Bootsrumpf
- ein gewundenes Messingröhrchen
- drei Holzbrettchen
- einen Teelichtbecher
- Watte
- Spiritus
- Streichhölzer

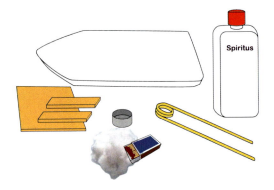

Durchführung:
Klebe das größere Holzbrettchen auf das Heck des Bootes und befestige das Messingröhrchen mit Heißkleber so daran, dass beide Enden des Röhrchens beim Schwimmen ins Wasser eintauchen. Mit den beiden anderen Brettchen hebst du das Röhrchen so weit an, dass der Teelichtbecher mit etwas Abstand unter die Windungen passt. Fixiere alles mit Heißkleber.
Zum Starten des Bootes muss das Röhrchen mit Wasser gefüllt sein. Das gelingt am besten, wenn du etwas Wasser mit dem Mund durchsaugst und danach das Boot aufs Wasser setzt.
Forme aus der Watte eine kleine Kugel und tränke sie mit Spiritus. Die durchtränkte Wattekugel legst du in den Teelichtbecher und platzierst beides unter die Windungen des Röhrchens. Entzünde schließlich die Spiritusdämpfe mit einem Streichholz und beobachte.

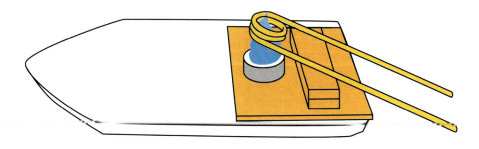

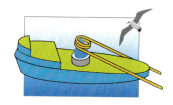

Antreiben

M22

Elektrische Energie bereitstellen

Kommentar

Eine Kombination von zwei verschiedenen Metallen und einer leitenden Flüssigkeit (Elektrolyt) kann als Stromquelle dienen. Umgangssprachlich werden sie Batterien, fachsprachlich galvanische Elemente genannt.

Das hier vorgestellte galvanische Element stellt eine Abwandlung der viel publizierten „Zitronenbatterie" dar. Es besteht wie diese aus zwei Metallen, einem edleren (Kupfer), einem unedleren (Zink) und einer leitenden Flüssigkeit, der Zitronensäure. In der Säure löst sich das unedlere Metall langsam auf. Es korrodiert. Bei diesem Prozess werden Elektronen freigesetzt, was zu einem Elektronenüberschuss führt. Dieser Überschuss kann über einen Verbraucher (hier ein kleiner Motor) an das edlere Metall weitergeleitet werden. Dieser Elektronenstrom (kurz: Strom) löst im Motor die Drehbewegung aus.

Galvanische Zellen haben nur eine begrenzte Lebensdauer: Zum einen löst sich das unedlere Metall auf, zum anderen wandern die gelösten Teile durch den

daran ab und verkrusten es so stark, dass es seine Leitfähigkeit verliert.

Du brauchst:

- Kupfer- und Zink-Bleche
- Solarmotor (0,1 V/ 2 mA)
- Luftschraube
- Papiertaschentuch
- Krokodilklemmen
- Zitronensaft

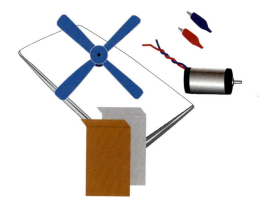

Durchführung:

Die aus dem Solarmotor herausragenden Kabel werden an die Krokodilklemmen gelötet. Danach werden über die Klemmen die beiden Metallplatten an den Motor angeschlossen. Um einen Stromfluss zu ermöglichen, müssen die beiden Platten mit der „Elektrolytlösung" in Kontakt gebracht werden. Diesem Zweck dienen der Zitronensaft in Verbindung mit dem Taschentuch: Es wird in zu den Blechen passende Streifen geschnitten und mit Zitronensaft getränkt. Das nasse Papier wird zwischen die Platten platziert, dass die Bleche über das Papier miteinander verkleben. Die Platten dürfen sich dabei nicht unmittelbar berühren.

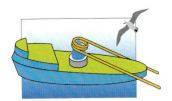 

Antreiben

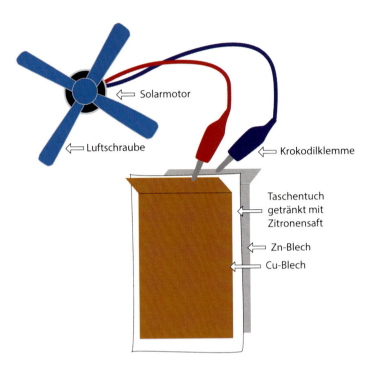

Alle Teile für diesen Versuch können bezogen werden unter www.lemo-solar.de (im Suchfeld „GM1mA" eintippen).

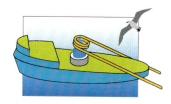

Antreiben

M23

Elektrische Energie nutzen

Kommentar
Der 9-V-Block kann den sparsamen Elektromotor ziemlich lange mit Strom versorgen. Zusammen mit der Schraube ist dieser Antrieb recht wirkungsvoll.

Du brauchst:

- Elektromotor
- 9-V-Block
- Schraube
- Antriebswelle
- Klotz zum Schrägstellen des Motors
- Lötstation
- Batterieclip

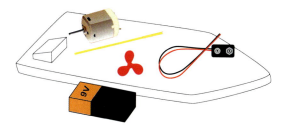

Durchführung:

Aus einer Styroporplatte einen passenden Bootsrumpf schneiden. Die Antriebswelle über die Hülse mit der Welle des Elektromotors verbinden und die Schiffsschraube auf das freie Ende stecken. Klotz zum Schrägstellen mit Heißkleber an passender Stelle fixieren und den Motor ankleben. Anschließend Batterieclip auf die Batterie setzen und die gewünschte Drehrichtung des Motors durch kurzes Verbinden der Kabelenden mit den Motorkontakten bestimmen. Wenn das klar ist, den Batterieclip wieder lösen und die Kabelenden an den Ösen anlöten.

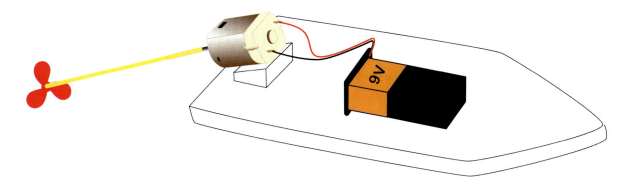

Antreiben und Steuern

I. Einführung in die Arduino-Programmierung

M24

Die Hardware

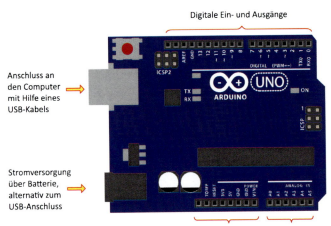

Das Arduino-Board kann bei verschiedenen Anbietern im Internet erworben werden und kostet zwischen 20 und 30 Euro. Es wird über eine USB-Schnittstelle programmiert. Diese Schnittstelle liefert auch den nötigen Strom. Löst man die Verbindung zum Computer, wird zum weiteren Betrieb eine Batterie benötigt. Das Board verfügt über 14 digitale Ein- und Ausgänge, 6 analoge Eingänge und weitere Anschlüsse zur Versorgung von Sensoren und anderer Hardware mit Strom.

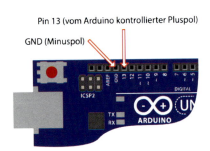

Um die Funktionsweise des Arduinos kennenzulernen und erste Programmiererfahrungen zu sammeln, bietet es sich an, eine LED zum Blinken zu bringen. Einsichten, die hierbei gewonnen werden, können später für die Steuerung der Bootsmodelle genutzt werden.
LEDs benötigen nur kleine Spannungen und arbeiten bei geringen Stromstärken. Aus dem Leuchtkörper der LED ragen zwei Drähte heraus. Der längere muss mit dem Pluspol verbunden werden, der kürzere mit dem Minuspol. Ein Blick auf das Arduino-Board zeigt, wo die LED eingesteckt werden kann.

Und so sieht der fertige Aufbau aus:

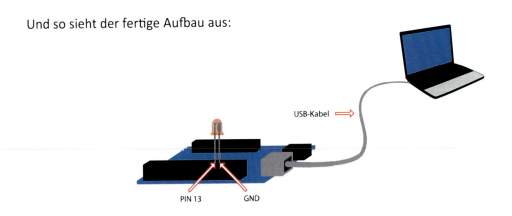

Antreiben und Steuern

M25

Der Programmcode:

```
/*
Dieses Programm schaltet eine LED für eine Sekunde ein, danach für eine Sekunde aus und dann
wieder ein und so fort. Die LED blinkt dauerhaft im Sekundentakt.
*/

int led = 13;                  // Der LED den Namen ‚led' geben und ihr den Pin 13 zuweisen

void setup( ){
  pinMode(led, OUTPUT);        // Pin13 als Ausgang festlegen
}

void loop( ){                  // Eine Endlosschleife einrichten
  digitalWrite(led, HIGH);     // LED einschalten
  delay (1000);                // 1 Sekunde warten
  digitalWrite(led, LOW);      // LED ausschalten
    delay(1000);               // 1 Sekunde warten
}
```

Dieser und weitere Sketche sind unter www.nawi-aktiv.de/werft zu finden.

Mit den Zeichen /* und */ werden Textteile von der Programmierung abgetrennt. Das gilt auch für zwei Schrägstriche. Auf diese Weise können Erläuterungen direkt neben dem Programmcode platziert werden.

Programmierbefehle sind rot und blau hervorgehoben. Die schwarzen Zahlen und Buchstabengruppen stellen „Variablen" dar. Sie können nach eigenem Gutdünken verändert werden. Satzzeichen wie Klammern und Semikola grenzen die Programmierbefehle untereinander ab.

Antreiben und Steuern

M26

Wie das Programm auf das Arduino-Board kommt

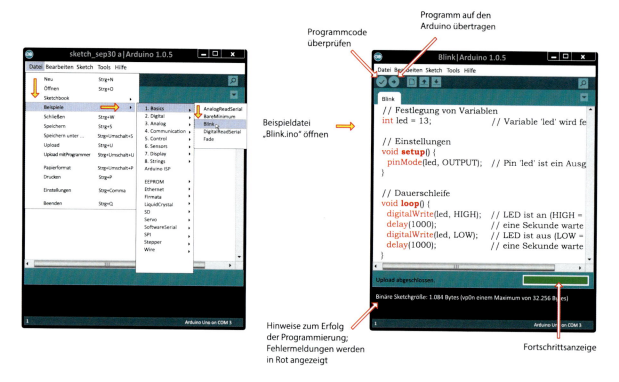

Die Arduino-Software ist frei verfügbar und kann unter www.arduino.cc heruntergeladen werden. Das Programm liefert eine große Anzahl von Beispielen (Sketche), so auch das auf S. 47 beschriebene Programm „Blink". Man findet es, indem man auf <Datei> klickt. Es öffnet sich ein Menü, aus dem man <Beispiele> auswählt. Ein weiteres Menü öffnet, dort wählt man <Basics> und danach <Blink>

Ist der Arduino wie oben gezeigt angeschlossen, lässt sich das Programm durch Klick auf den <Kreis mit Pfeil> auf den Arduino übertragen. Eine Anzeige rechts unten zeigt den Fortschritt an. Wenn links <Upload abgeschlossen> auftaucht und keine Fehlermeldung angezeigt wird, sollte die LED anfangen, im Sekundentakt zu blinken.

Hinweis:

Ein Vergleich des Originals mit dem hier vorgeschlagenen Programmcode zeigt Unterschiede in der Kommentierung. Als erste Übung kann das Original entsprechend angepasst werden. Die Veränderungen anschließend durch Anklicken des Symbols <Kreis mit Haken> ganz links oben auf Richtigkeit überprüfen.

Antreiben und Steuern

M27

Einfache Fehler beheben

Es kann vorkommen, dass es nach der Übertragung des Programmcodes zu einer Fehlermeldung kommt. Dafür könnte ein falscher COM-Port ursächlich sein. Über die Schalter <Tools> und <Serieller Port> kann der passende ausgewählt werden.

Andere Fehler benötigen meist etwas Expertenwissen. Hilfen findet man in einer großen Zahl von Foren und Internet-Beiträgen zum Thema „Arduino".

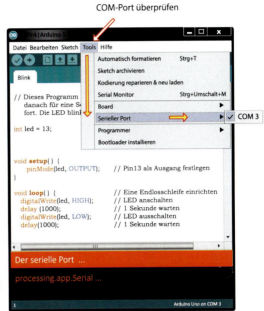

COM-Port überprüfen

Bei Fehlermeldungen

Antreiben und Steuern

II. Bau von Modellen mit verschiedenen Steuer- und Antriebsarten

M28

Ein steuerbares Boot mit zwei Elektro-Motoren

Kommentar

Bei dem hier zu konstruierenden Modellboot wird elektrische Energie genutzt, um zwei Motoren unabhängig voneinander anzutreiben. Welcher Motor wann läuft, wird von einem Arduino-Board überwacht, das mit einer entsprechenden Programmierung mal den einen, mal den anderen Motor oder auch beide Motoren an- oder abschaltet. Auf diese Weise kann das Boot gesteuert werden: Laufen beide Motoren, fährt das Boot geradeaus. Läuft der linke Motor und der rechte steht, fährt das Boot eine Rechtskurve. Wird der rechte Motor an- und der linke abgeschaltet, ändert sich die Fahrtrichtung nach links. So kann das Boot einem vordefinierten Kurs folgen.

Du brauchst:
- einen Bootsrumpf
- das Arduino Interface
- eine 9-Volt-Blockbatterie
- zur Batterie passender Anschluss
- passender Stecker für das Interface
- Kabel
- zwei Elektromotoren
- zwei Schrauben
- zwei Antriebswellen
- zwei Klötzchen zum Schrägstellen der Motoren

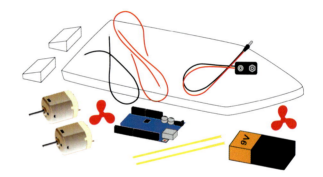

Durchführung:

Verfahre bei der Anbringung der Motoren so, wie bei M22 beschrieben. Strom bekommen die Motoren über das Arduino-Board. Benutze zur Verdrahtung die folgende Abbildung:

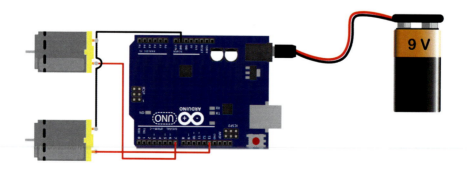

Antreiben und Steuern

So sieht das fertig aufgebaute und verdrahtete Boot aus

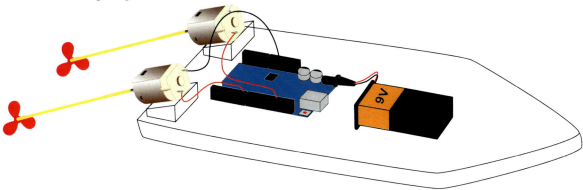

Die Programmierung

```
/*
Dieses Programm steuert die Laufzeiten von 2 Motoren: Über einen bestimmten Zeitraum laufen
beide Motoren, dann wird Motor 1 für eine bestimmte Zeit abgeschaltet. Das Boot fährt eine Kurve.
Die so eingerichtete Prozedur wird durch den Befehl „void loop" endlos fortgesetzt.
*/
int Motor1 = 7;                    //Motor 1 kann über Pin7 angesteuert werden
int Motor2 = 13;                   //Motor 2 kann über Pin13 angesteuert werden

void setup(){
  pinMode(Motor1,OUTPUT);          //Pin 7 als Ausgang festlegen
  pinMode(Motor2,OUTPUT);          //Pin 13 als Ausgang festlegen
}

void loop(){                       //Eine Endlosschleife einrichten
  digitalWrite(Motor1,HIGH);       //Motor 1 an
  digitalWrite(Motor2,HIGH);       //Motor 2 an. (Jetzt laufen beide Motoren.)
   delay(7000);                    //Zeit: 7 Sekunden

  digitalWrite(Motor1,LOW);        //Motor 1 aus. (Motor 2 läuft weiter.)
   delay(4000);                    //Zeit: 4 Sekunden

}
```

Dieser und weitere Sketche sind unter www.nawi-aktiv.de/werft zu finden.

Antreiben und Steuern

Was bewirkt die Motorsteuerung?

Da das Programm festlegt, wann und wie lange die Motoren arbeiten, bewegt sich das Boot entsprechend: Drehen beide Motoren, geht die Fahrt geradeaus. Dreht der linke Motor und der rechte steht still, steuert das Boot nach rechts. Dreht der rechte Motor und der linke steht still, steuert das Boot nach links. Herauszufinden ist, wie lange ein Motor abgestellt bleiben muss, damit das Boot beispielsweise eine 90-Grad-Kurve fährt.

Um das Boot eine Schlangenlinie fahren zu lassen, wird die Programmierung schon recht umfangreich. Besonders in der Anfangsphase ist das mit Schwierigkeiten verbunden. Empfohlen sei deshalb eine Erprobungsschaltung wie in der Abbildung rechts: Zwei LEDs ersetzen die Motoren. Eine leuchtende LED signalisiert „Motor an", eine nicht leuchtende „Motor aus".

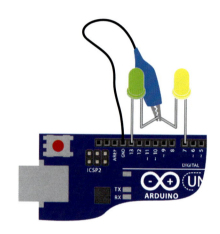

Die langen Drähte der beiden LEDs werden – dem Programmcode entsprechend – in Pin 7 und Pin 13 gesteckt. Die kurzen Drähte werden (mit Hilfe der Krokodilklemme) in Kontakt gebracht und mit GND verbunden. Auf dem Arduino-Board gibt es zwei weitere GND-Pins, die ebenso geeignet wären. Hier war der kürzere Weg entscheidend.

Antreiben und Steuern

Eine mögliche Programmieraufgabe könnte lauten, das Boot bis dicht an den gegenüberliegenden Beckenrand zu manövrieren und es dann mit einer 180-Grad-Kurve zum Start zurückzubringen. Das Schwierige an an dieser Aufgabe ist die Kurvenfahrt. Das Abstellen eines Motors löst sie zwar aus, für eine volle Wende wird aber viel Platz benötigt. Kleinere Kurven werden möglich, wenn man einen Motor rückwärts laufen lässt.

Anschluss der Motoren, um sie für den Vor-und Rücklauf programmieren zu können.

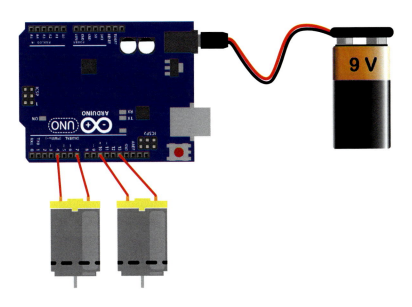

Der Programmcode

```
/* Dieses Programm passt zur gestellten Aufgabe: Es beginnt mit einer Geradeausfahrt (Beide
Motoren laufen.) Dann folgt die Kurvenfahrt (Die Laufrichtung eines Motors wird umgekehrt.)
Danach fährt das Boot wieder geradeaus (Beide Motoren laufen.)  Vor jedem Umschalten werden
die Motoren gestoppt.*/

int Motor1a=13;
int Motor1b=10;
int Motor2a=7;
int Motor2b=4;

void setup(){
  pinMode(Motor1a,OUTPUT);
  pinMode(Motor1b,OUTPUT);
  pinMode(Motor2a,OUTPUT);
  pinMode(Motor2b,OUTPUT);
}
```

Antreiben und Steuern

NaWi aktiv

```
void motorStop(){ //Hier wird der Befehl  Motoren stoppen generiert.
  digitalWrite(Motor1a,LOW);
  digitalWrite(Motor1b,LOW);

  digitalWrite(Motor2a,LOW);
  digitalWrite(Motor2b,LOW);
    delay(1000);
}

void loop(){
motorStop();

  digitalWrite(Motor1a,HIGH);   // Beide Motoren Vorlauf
  digitalWrite(Motor1b,LOW);    // (Geradeausfahrt)

  digitalWrite(Motor2a,HIGH);
  digitalWrite(Motor2b,LOW);
    delay(7000);

motorStop();

  digitalWrite(Motor1a,HIGH);   // Motor1 Vorlauf,
  digitalWrite(Motor1b,LOW);    // Motor2 Rücklauf

  digitalWrite(Motor2a,LOW);    // (Kurve)
  digitalWrite(Motor2b,HIGH);
    delay(3000);

}
```

Dieser und weitere Sketche sind unter www.nawi-aktiv.de/werft zu finden.

Antreiben und Steuern

M29

Ein steuerbares Boot mit Elektro-Motor und Ruder

Kommentar:
Dieses Boot ist mit einem Ruder ausgestattet, das von einem Servo bewegt werden kann. Als Antrieb genügt ein Elektromotor. Es ist allerdings zu bedenken, ob das Boot mit zwei Motoren (siehe M24) mit dieser Ruderanlage ausgestattet werden sollte, sodass es sowohl über die Motoren als auch durch das Ruder steuerbar wäre. Programmiertechnisch ist das schon recht anspruchsvoll und somit als Differenzierungsaufgabe geeignet.

Du brauchst:

- Styropor für den Bootsrumpf und
- den Halteblock
- das Arduino Interface
- zwei 9-Volt-Blockbatterien
- zwei Kabelsätze mit Clips für die Blockbatterien, einer davon mit
- Stecker zum Anschließen an den Arduino
- Elektromotor
- Antriebswelle mit Schraube
- Klötzchen zum Schrägstellen des Motors
- Ruder
- Servo
- Kabel zum Verbinden mit dem Arduino

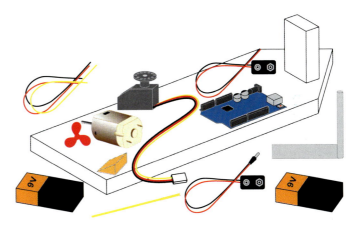

Durchführung:
Verfahre bei der Anbringung des Motors so, wie bei M22 beschrieben. Das Ruder von unten durch ein Loch im Bootsrumpf führen, Heißkleber auf die Ruderstange tropfen und mit dem Servo-Aufsatz verkleben. Servo aufstecken und in passendem Abstand (Ruderblatt dicht am dem Bootsboden) mit Hilfe des Halteklotzes fixieren.

Benutze zum Anschließen des Servos die Abbildung unten. Der Antriebsmotor bekommt seinen Strom direkt von der Batterie.

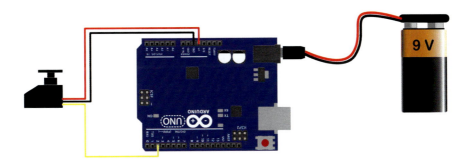

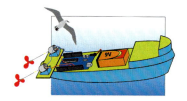

Antreiben und Steuern

So sieht das fertig aufgebaute und verdrahtete Boot aus:

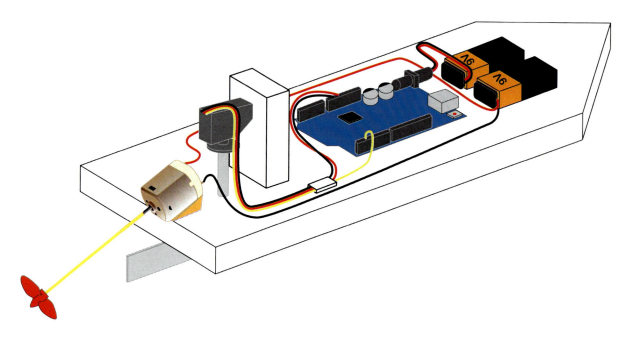

Die Programmierung

```
/* Das Programm verändert den Anstellwinkel des Ruders. */

#include <Servo.h>            //Bindet eine Sammlung von Steuerbefehlen für den Servo ein.

Servo myServo;                //Gibt dem Servo einen Namen

const int servoPin = 2;       //Reserviert Pin 2 für den Servo

void setup(){
  myServo.attach(servoPin);   //Gibt an, dass der Servo an Pin 2 angeschlossen ist
}

void loop(){                  //Richtet eine Endlosschleife ein

  myServo.write(70);          //Legt den Ausgangswinkel fest
  delay(2000);                //Gibt an, wie lange diese Stellung erhalten bleiben soll

  myServo.write(110);         //Legt einen neuen Winkel fest
  delay(2000);                //Gibt an, wie lange diese Stellung erhalten bleiben soll
}
```

Dieser und weitere Sketche sind unter www.nawi-aktiv.de/werft zu finden.

Antreiben und Steuern

M30

Das Sumpfboot

Kommentar:
Dieses Boot wird wie das vorige angetrieben und gesteuert, nur dass Ruder und Propeller nicht im Wasser, sondern an der Luft sind. Programmierung und Anschlüsse sind mit dem vorherigen Boot (M25a) identisch.

Du brauchst:

- Styropor für den Bootsrumpf und den Halteblock
- Luftruder (dünnes Holz oder Pappe)
- das Arduino Interface
- zwei 9-Volt-Blockbatterien
- zwei Kabelsätze mit Clips für die Blockbatterien, einer davon mit Stecker zum Anschließen an den Arduino

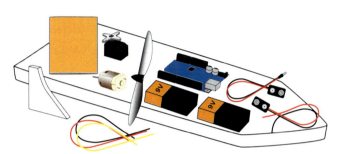

- Elektromotor
- Propeller
- Servo
- Kabel zum Verbinden mit dem Arduino

Durchführung:

Das Luftruder mit Heißkleber auf den Servo-Aufsatz kleben und auf den Servo stecken. Den Servo samt Ruder mittig am Bootsheck festkleben. Den Motor in passender Höhe und etwas Abstand zum Ruder mit Hilfe des Halteblocks fixieren. Anschlüsse wie beim vorherigen Modellboot (M25a).

So sieht das fertig aufgebaute und verdrahtete Boot aus:

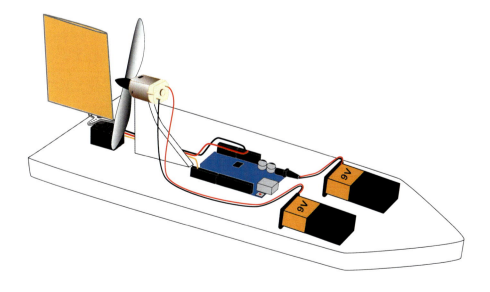

Anhang

Zusammenstellung aller Modellbau-Objekte

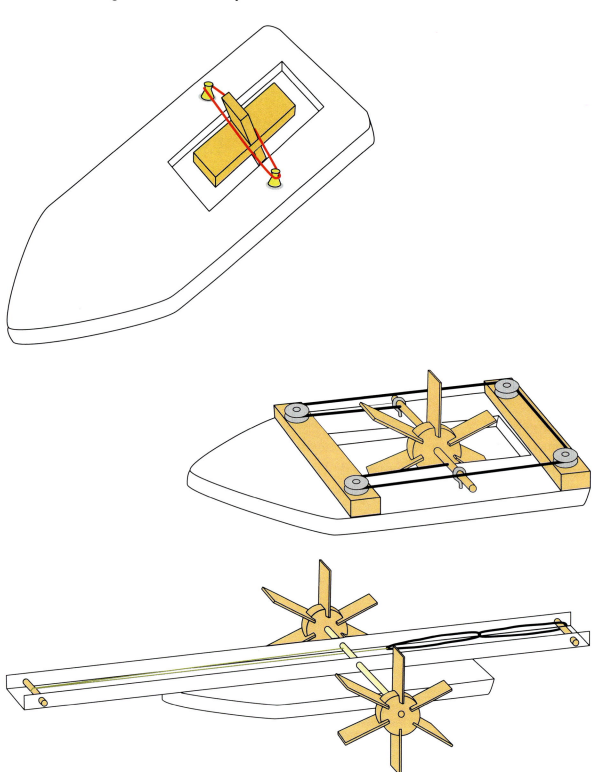

Anhang

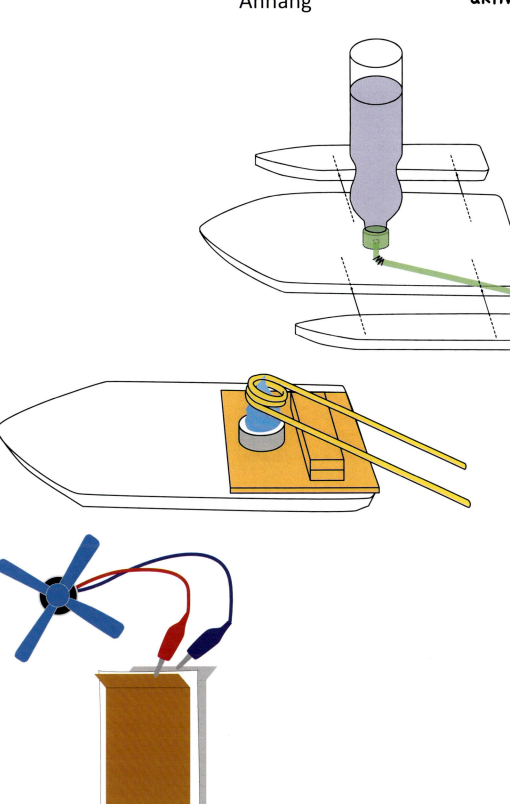

Anhang

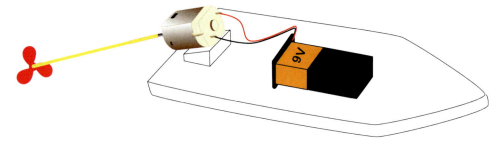

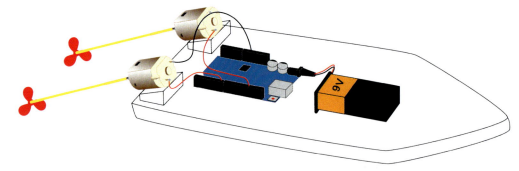

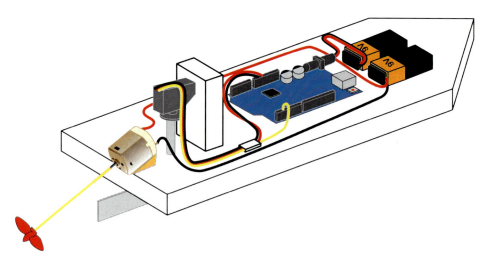

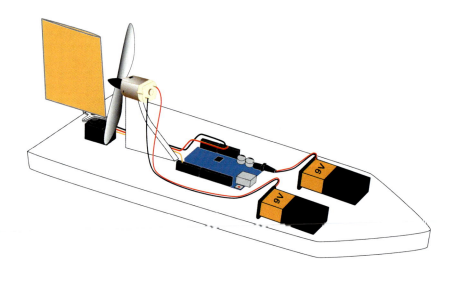

Anhang

Werkzeuge und anderes

Heißklebepistole

Styroporschneider

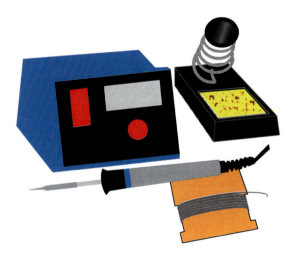

Lötstation

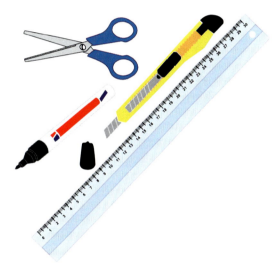

Cutter, Schere, Lineal, Filzschreiber

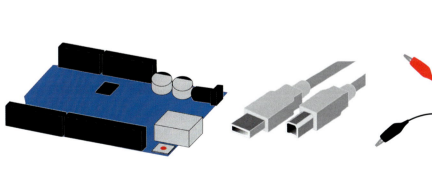

Arduino UNO Rev. 3

USB-Kabel

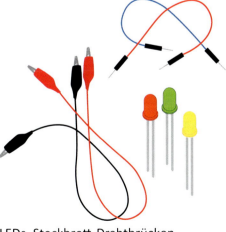

LEDs, Steckbrett-Drahtbrücken, Messleitungen mit Krokodilklemmen

Anhang

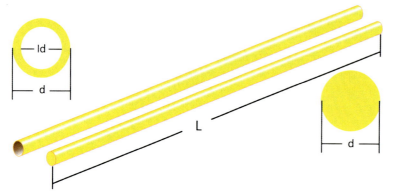

Verlängerung der Motorwelle:
a) Messingrohr
- d = 3,0 mm
- Id = 2,1 mm
- L = 500 mm

a) Rundmessing (Vollmaterial)
- d = 2 mm
- L = 500 mm

Bezugsquelle:
http://www.lemo-solar.de/

Zum Bau des Put-put-Boots: Messingrohr d = 4,0 mm, Id = 3,0 mm, L = 500 mm

Gleichstrommotor Johnson 20703, zu beziehen unter http://www.pollin.de/

Technische Daten:
- Betriebsspannung 3...13,5 V
- Leerlauf-Stromaufnahme 38 mA
- max. Stromaufnahme 240 mA
- Wellenmaße: 13x2 mm
- Motormaße ohne Welle: 31,5x24 mm

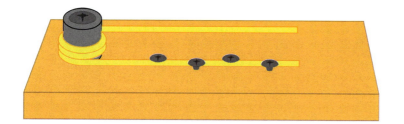

Vorrichtung zum Biegen des Messingröhrchens für das Put-put-Boot. Rohrdurchmesser: 3, 5 – 4 mm

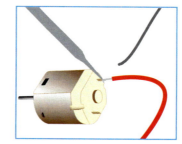

Draht durch eine Öse am Motor führen und die Metalle mit der Lötspitze kurz heiß machen. Die Stelle mit der Spitze des Lötdrahts berühren: Das Lot schmilzt und überzieht die gewünschte Kontaktstelle. Lötkolben und Lötdraht rasch abheben und Lötstelle erstarren lassen. Die Lötstelle ist gelungen, wenn die Oberfläche glatt und glänzend ist.